Lesenlernen in 3 Schritten

Die schönsten Ponygeschichten

Loewe

LIEBE ELTERN,

dieses Buch hilft Ihrem Kind dabei, die Freude am Lesen zu entdecken, und zwar mit spannenden und lustigen Geschichten in drei unterschiedlichen Leseniveaus. Mit jeder Geschichte steigert sich der Schwierigkeitsgrad und passt sich so dem wachsenden Lesevermögen Ihres Kindes an. Dadurch kann Ihr Kind verschiedene Geschichten zu einem interessanten Thema lesen und sich dabei in seinem eigenen Tempo steigern. Das sorgt für motivierende Erfolgserlebnisse und lang anhaltende Lesefreude!

Schritt für Schritt zum Leseprofi!

Inhalt

1

BILD FÜR BILD

LESEN LERNEN

Liebe Eltern,

diese Geschichten mit einfachen Sätzen sowie großer und leicht lesbarer Schrift richten sich an Leseanfänger. Hauptwörter werden durch kleine Bilder ersetzt. Lesen Sie die Geschichten vor und lassen Sie Ihr Kind die Bilder selbst benennen. Am Ende finden Sie eine Wörterliste mit den einzelnen Bedeutungen. Viele bunte Illustrationen sorgen außerdem für Lesepausen und helfen, die Geschichte zu verstehen.

So wird das Lesenlernen zu einem echten Vergnügen!

Heike Wiechmann

Geschichten vom Ponyhof

Illustriert von der Autorin

Wo ist Wolke?

Nele und Hanna strahlen bis über beide 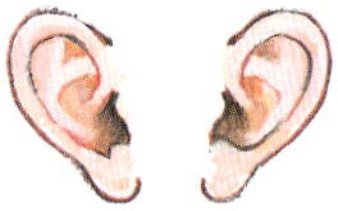. Endlich sind sie auf dem  ! Die beiden  ziehen ihre  an. Dann laufen sie zu den  auf der  . „Schau mal, wie niedlich!“, ruft Nele. Sie zeigt auf ein winziges  .

Sein  ist weiß wie  .

„Das ist Wolke, Brunas  “, sagt

Tine, die  . Mit dem  stupst

Wolke gegen Brunas 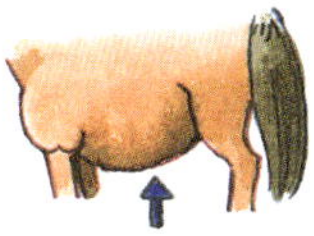 .

„Es will  “, erklärt Tine.

Die  schauen zu, wie das kleine  trinkt. „Es sieht aus wie ein “, seufzt Nele. Danach gehen die  in den . In den  stehen noch mehr .

Eines hat ein ganz zotteliges .

Einem reicht die  bis über

die . Und eines sieht aus wie

das  von . Aber keines

ist so süß wie das kleine weiße .

„Komm, wir gehen noch einmal zu Wolke!“, sagt Nele. Bruna steht an der . Aber wo ist Wolke? Die beiden  klettern über den . Sie suchen am , unter der großen  und hinter dem .

Doch das kleine  ist nirgendwo zu sehen. „Vielleicht ist Wolke weggelaufen!“, sagt Nele. Hanna schlägt die  vor den 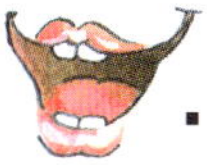. „Ich hole Tine!“, ruft sie und rennt zum  .

„Arme Bruna“, denkt Nele

traurig. „Bestimmt vermisst sie

ihr .“ Nele geht über die 

zur . Nanu, was liegt da

zwischen Brunas 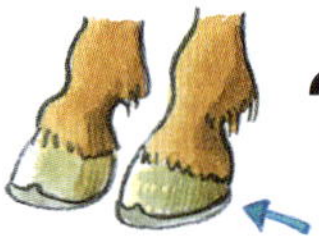 ?

Es ist weiß wie  und winzig.

Das ist ja Wolke! Im hohen 

ist das  kaum zu sehen.

Nele kniet sich neben das 

und streichelt sein weiches  .

„Oh, Wolke“, sagt sie. „Du bist

nicht nur niedlich wie ein  ,

sondern auch genauso klein!“

Suse greift ein

„Heute reitest du auf Suse“,

sagt Tine, die  . Oje! Nele

rollt mit den  . Suse ist eine

lahme  . Galoppieren mag

das dicke  gar nicht.

Rund um die  frisst Suse –

am liebsten  . Nele schwingt

sich auf Suses  .

Viel lieber würde sie auf Nero

reiten. Das schwarze  ist

schnell wie der  . Nero scharrt

mit den 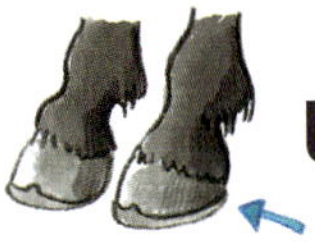 und wirft den 

hin und her. Mit beiden  hält

Ben die  fest.

Plötzlich donnert auf der 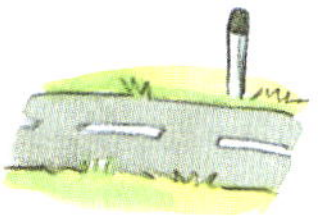 vor dem  ein  vorbei. Nero erschrickt. Er reißt Ben die  aus der  und rast los. Ben klammert sich an Neros . „Hilfe!“, ruft er.

„Das  ist offen!“, schreit Tine erschrocken. „Nero darf nicht auf die 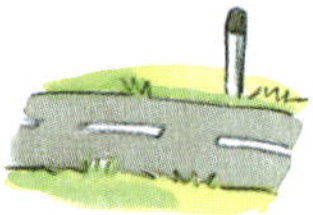 . Sonst läuft er vor ein  !“ Nele handelt schnell. „Los, Suse!“ Sie treibt ihr  an und lenkt es zum  . Das  hat zwei 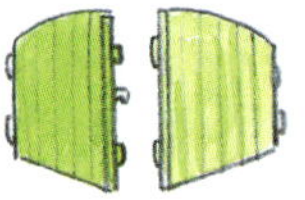 .

Nele springt von Suses 

und schiebt einen  zu. Aber der

andere  klemmt! Nele zieht und

zerrt. Jetzt stürmt Nero aufs 

zu. Neles  pocht wild.

„Halt, Nero!“, ruft sie und wedelt mit den . Da kommt Suse! Das dicke  trottet zum . Dort wächst saftiger . Suse schnuppert daran und leckt sich das .

Mit ihrem 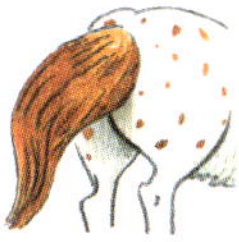 versperrt sie

Nero den . Nero schüttelt

die  und bleibt stehen. Schnell

ergreift Nele seine .

Tine kommt angerannt. „Gut

gemacht, Nele!“, lobt die  .

Nele lacht. „Das war nicht ich,

das war Suse“, sagt sie und pflückt

ihrem  einen  aus  .

Pferd oder Trecker?

Auf Tines  gibt es

viele . Und ein : Hektor.

Er hat 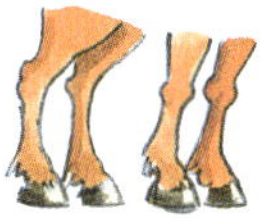 wie  und ist so

stark wie ein riesiger .

Ganz allein zieht er den

schweren  zur .

Und Hektor ist mutig. Einmal ist

ein großer  gekommen.

Er hat die  über die 

gejagt. Beinahe hätte er Wolke, dem

kleinen , ins  gebissen! Hektor

hat die  angelegt und mit

den 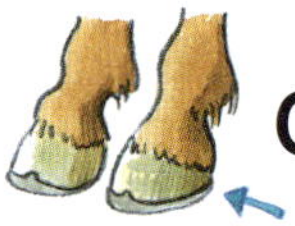 auf den  getrommelt.

Da hat der  gejault und ist

weggelaufen. Doch heute steht

ein neuer  vor dem  .

Er ist rot wie eine  . Seine 

glänzen im  .

„Vielleicht verkaufe ich Hektor“,

sagt Tine, die  . „Der  ist

schneller und stärker als er.“ Tine

hängt den  an den  und

fährt zur  . „Armer Hektor“,

sagt Hanna.

Nanu? Da kommt Tine ohne 

zurück! „So ein  !“, schimpft

die  . „Der  hat den 

aufgeweicht. Jetzt steckt der 

im  fest. Wie kriege ich ihn

wieder raus?“ Tine schaut ratlos.

„Mit Hektor!“, rufen die  wie aus einem . „Er ist das stärkste  der !“ Tine führt Hektor schnell zur . Der  steht in einer großen . Seine  sind tief im  versunken.

Die  spannt Hektor vor

den  . Das große 

stemmt die 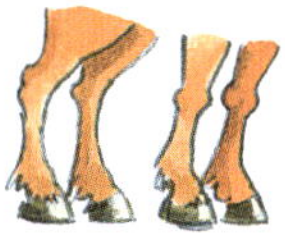 in den  .

„Du schaffst es, Hektor!“,

rufen die  . Langsam rollt

der  aus der  .

Tine reibt sich die  . „Ohne

Hektor hätte ich das nie geschafft“,

sagt die  . „Heißt das, er bleibt

auf dem  ?“, fragt Hanna.

„Versprochen!“, sagt Tine und lacht.

Das große Fest

Nele schlägt die  auf und

freut sich. Die  scheint durch

die . Auf dem 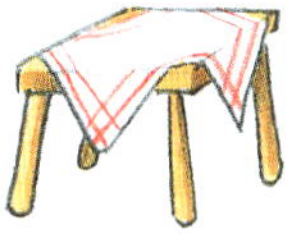 liegt

ein  von Neles Oma. Auf

den  hat Oma eine dicke

bunte  gemalt. So alt wird

Nele heute! Bestimmt bekommt

sie viele .

Und einen großen  zum  !

Gespannt läuft Nele in die  .

Aber was ist das? Nele reibt sich

die  . Wo sind die  –

wo ist Tine?

Die  ist leer: Keine 

stehen auf dem 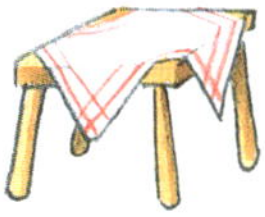, kein 

und keine bunten . Nicht

einmal 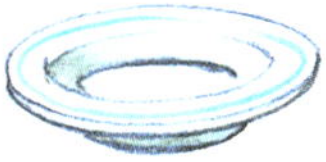 für das !

Plötzlich hört Nele jemanden singen:

„Wie schön, dass du geboren bist."

Die  fliegt auf. Hanna, Ben und die anderen  kommen herein. Sie halten bunte  in den . Ben legt Nele eine  aus  um. Tine, die , stellt einen riesigen  auf den Tisch.

Mit sechs  – und einem 

aus rosa  ! Hinter Tine kommt

Wolke in die  – mit einem 

im  ! „Danke, das ist wirklich

toll!“, stammelt Nele.

Auf einmal knurrt ihr  wie ein hungriger . „Aber gibt es denn heute kein ?“, fragt sie. „Nein“, sagt Tine kichernd. „Das fällt aus. Wir reiten zum . Dort essen wir  und baden mit den .“

Nele beginnt zu strahlen. „Hurra!“,

ruft sie und hüpft durch die  .

Dann schlingt sie die  um

Wolke. „Mit den  zum .

Das ist das schönste  der  !“

Die Wörter zu den Bildern:

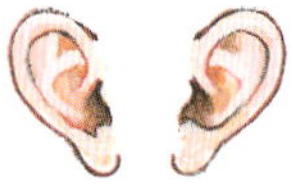
Ohren

Ponyhof

Mädchen

Reitstiefel

Ponys

Weide

Fell

Schnee

Fohlen

Reitlehrerin

Maul

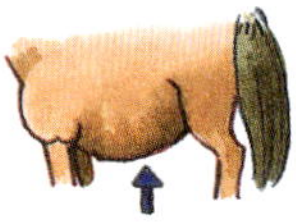
Bauch

Milch

Kuscheltier

Stall

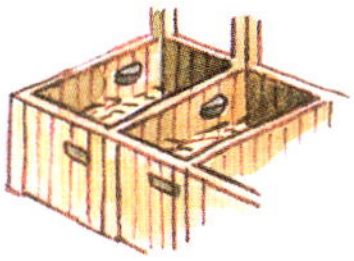
Boxen

Mähne

Augen

Pferd

Pippi Langstrumpf

Tränke

Zaun

Bach

Tanne

Hand

Mund

Haus

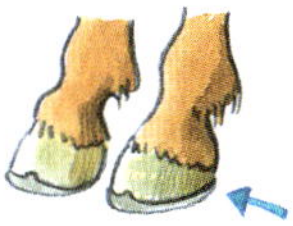
Hufe

Gras

Ente

Uhr

Löwen-zahn

Rücken

Blitz

Kopf

Zügel

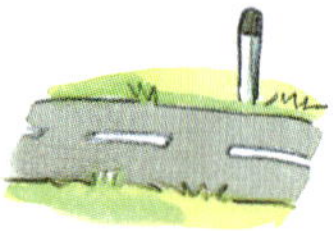

Straße

Auto

Tor

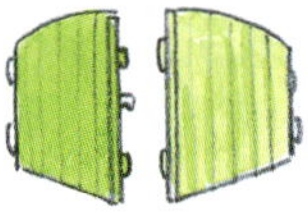

Flügel

Herz

Hintern

Weg

Strauß

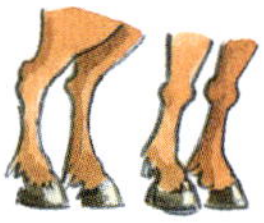

Beine

Baum-
stämme

Bär

Wasser-
tank

Hund

Boden

Trecker

Tomate

Reifen

Regen

Mist

Schlamm

Kinder

Welt

Pfütze

Stirn

Sonne

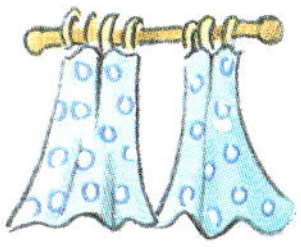

Gardinen

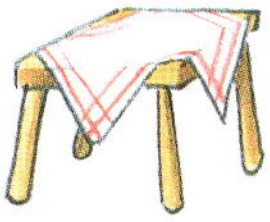

Tisch

Brief

Sechs

Geschenke

Kuchen

Frühstück

Küche

Blumen

Teller

Tür

Kette

Kerzen

Marzipan

Bauch

See

Arme

2

ZUSAMMEN MACHT DAS LESEN SPASS

Liebe Eltern,

in diesen Geschichten schlüpfen Leseanfänger in die Rolle einer sympathischen Figur und lesen kurze, einfache Textpassagen, während die Erwachsenen die längeren Abschnitte der Geschichte übernehmen. So erleben die Kinder Seite für Seite neue Abenteuer und tauchen in die Welt der Bücher ein.

Gemeinsam geht eben vieles leichter, auch das Lesen!

Karen Christine Angermayer

Ponygeschichten

Illustriert von Julia Ginsbach

Ein Häuptling namens Mia

„Los geht's!", rief Mias Vater vergnügt und gab der Kofferraumklappe des alten roten Kombis einen Klapps. Er setzte sich ans Steuer und lächelte seine Frau Susanne an, die schon auf dem Beifahrersitz saß.

Mia lümmelte auf der Rückbank
und kaute Kaugummi.
„Ich will nicht zu Tante Moralia!"

Tante Moralia wohnte in der Stadt. Sie war nicht verheiratet, hatte eisgraues Haar, das sie stets zu einem strengen Pferdeschwanz band, und besaß allerlei teuren Schnickschnack. Mia musste immer höllisch aufpassen, dass keine ihrer hauchzarten Porzellantassen zu Bruch ging und sie keine Flecken auf den weichen weißen Teppich machte, der sich wie ein riesiger Milchsee durch die ganze Wohnung ergoss. Sogar im Badezimmer hatte Tante Moralia weißen Teppichboden!

„Ich will zu Opa Bert an den See!"
Mia machte eine Kaugummiblase,
die so groß war,
dass sie fast den Sitz
ihres Vaters berührte.

„Ach, Mia“, seufzte der und blickte in den Rückspiegel. Doch er sah nichts außer einer riesigen rosa Kaugummiblase.
Ihre Mutter drehte sich zu Mia um. „Opa Bert ist doch zur Kur. Und Oliver und ich müssen in der Stadt unser neues Projekt vorstellen. Das ist beruflich eine große Chance für uns. Und dass Tante Moralia heute so schön Zeit für dich hat, ist doch wunderbar!“

Paff!

Die Kaugummiblase platzte.

Mia sog die Reste zurück

in den Mund.

„Immer euer doofes Projekt!“,

stieß sie hervor. „Ich hab Ferien.

Das ist mein Projekt!“

Ihre Eltern waren Architekten und planten ständig irgendwelche neuen Straßen und Grünanlagen. Dazu bastelten sie Modelle mit Mini-Häusern, Mini-Bäumen und Mini-Autos. Wie „Lego für Erwachsene“, sagte Mia immer. Ihre Mutter hatte eine Engelsgeduld, wenn sie mit einer Pinzette winzige Vögelchen auf die Äste der Bäume klebte. Das neueste ihrer Modelle stand neben Mia auf der Rückbank.

Mia seufzte.
Sie dachte an ihren Opa
und den Ponyhof
ganz in der Nähe.

Auf dem Hof lebten die süßesten Ponys, die Mia kannte.

Mia liebte Pferde
und sie ritt für ihr Leben gern.

Als sie vier Jahre alt war, war sie bei einem Spaziergang einmal von einem Gatter auf den Rücken eines Islandponys gesprungen und war mit ihm losgetrabt. Ihre Mutter war tausend Tode gestorben und hatte immer wieder geschrien: „Mia, du fällst! Komm zurück, du brichst dir alle Knochen!“

Opa Bert, der alles mit angesehen hatte, hatte nur gelacht und stolz gesagt: „Gut, dass wenigstens eine in der Familie meine Gene geerbt hat.“

Der rote Kombi fuhr durch eine Straße, in der mehrstöckige alte

Häuser mit aufwendigen Verzierungen standen. „Seht mal, der Zirkus ist hier!“ Mias Vater zeigte auf ein buntes Werbeplakat. Er lächelte Mia durch den Rückspiegel an. „Wollen wir heute Abend alle zusammen hingehen?“

„Zirkus ist was für Babys“,
sagte Mia mürrisch
und sah aus dem Fenster.

„So, da wären wir“, sagte der Vater und bremste vor dem stattlichen Haus, in dessen dritter Etage Tante Moralia wohnte. „Ich bleib sitzen“, sagte Susanne. Sie atmete nervös ein und aus und knetete ihre Hände. „Drückst du uns die Daumen?“, fragte sie Mia.

Mia antwortete nicht.
Dafür drückte sie heimlich
ihren Kaugummi auf den Turm
im Bastelmodell.
Dann stieg sie aus.

„Da seid ihr ja!“, rief Tante Moralia erfreut, als Mia mit ihrem Vater die Treppe hochkam. „Du trägst ja immer noch keine Kleider!“, entfuhr es ihr vorwurfsvoll, als sie Mias kurze Jeans und ihr verwaschenes T-Shirt sah. „Und bitte zieh deine Sandalen aus, ja?“

Mia gehorchte,
zog aber damit gleich
den nächsten bösen Blick
auf sich.

Sie war heute Morgen schon barfuß durchs nasse Gras gelaufen und ein paar Halme hatten sich in ihre Sandalen verirrt. Jetzt verstreuten sie sich über Moralias weißen Teppich. Moralia seufzte. „Na kommt, lasst uns erst mal Kaffee trinken und ein Stück Torte essen. Wo ist denn Susanne?“
„Vielen Dank für die Einladung“, sagte Oliver, „aber Susanne und ich wollen erst mal den Termin hinter uns bringen. Nachher, wenn alles vorbei ist, sind wir entspannter.“

„Ich hab auch keinen Hunger.
Ich geh lieber ’ne Runde schaukeln“,
sagte Mia.

Sie hatte schon den Kaffeetisch erspäht, auf dem eine Schwarzwälder Kirschtorte stand und natürlich die unvermeidlichen hauchdünnen Tässchen und Teller, die schon vom bloßen Anschauen in tausend Stücke zersprangen. „Ja, aber die schöne Tor-“ Moralia klappte den Mund auf und wieder zu. „Bis später!“, sagte Mias Vater und war schon an der Tür.

„Warte auf mich!“,
rief Mia,
schnappte sich
ihre Sandalen
und lief mit ihm
die Treppe runter.

„Aber keinen Unsinn machen. Und in einer Viertelstunde gehst du wieder hoch, ja?“ Oliver klopfte ihr auf die Schultern. „Bis später.“

Mia nickte
zerknirscht.
Sie wäre viel lieber
mit ihren Eltern
mitgefahren.

Aber immerhin war sie für eine kurze Weile den Porzellantässchen und dem Teppich entkommen. Sie stieß die Tür zum Garten auf – und traute ihren Augen nicht: Im Hinterhof, in dem bisher immer nur eine alte, morsche Schaukel gestanden hatte, stand heute ein riesiges Indianerzelt!

Mia strahlte.
Sie liebte Indianerspiele!
Wenn sie zu Hause
durch den Wald streifte,
stellte sie sich immer vor,
sie sei ein Indianerhäuptling
und ihr bester Freund ein Braunbär.

Neugierig lief Mia auf das Zelt zu und schlug die Stoffbahn zurück, die den Eingang darstellte. „He, was soll das? Hau ab! Kein Zutritt für Bleichgesichter!", rief einer der beiden Jungen, die im Zelt saßen. Sie trugen braune T-Shirts und Federschmuck auf dem Kopf. Außerdem hatten sie Kriegsbemalung im Gesicht. „Und schon gar nicht für Mädchen!", bekräftigte der zweite Junge. Er war kleiner als der andere und schien etwas jünger zu sein. Sein Haar war hellblond und er hatte blaue Augen. Der Größere hatte rötliches Haar und dunkle Augen.

„Ich will aber mitspielen“, sagte Mia.

„Ich bin ein richtiger Indianer.“

Die beiden Jungs lachten. „Du bist allerhöchstens eine Squaw, kein richtiger Indianer“, sagte der Ältere. Aber weil Mia ihn so fest und bestimmt ansah, sagte er nach einer Weile: „Na gut, du darfst das Tipi aufräumen, während wir auf der Jagd sind.“ Ein bisschen Ordnung schadete dem Zelt tatsächlich nicht: Es war voller Decken und Kissen, angebrochener Saft- und Kekspackungen und Spielfiguren.

„Spinnst du?“

Mia zeigte dem Jungen einen Vogel.

„Ich gehe mit auf die Jagd!“

Nur äußerst widerstrebend nahmen Gelber Adler und Rote Schlange, so nannten sich die beiden Jungs, Mia mit auf Fährtensuche. Was auf dem harten Betonboden des Hinterhofs gar nicht so einfach war. Außer einem Hundehaufen, in den jemand hineingetreten war (was immerhin ein paar Spuren hinterließ), einem Zigarettenstummel und einer Schneckenschleimspur fanden sie keine nennenswerte Fährte.

„Indianer suchen immer
nach abgeknickten Zweigen“,
sagte Mia.
„Das bedeutet, dass jemand
darunter vorbeigegangen ist.“

Das wusste sie aus ihrem Indianergeschichtenbuch. Zu dritt besahen sie sich den einzigen Baum in diesem kleinen Hinterhof. Doch die wenigen Äste, die er besaß, waren kein bisschen abgeknickt.

„In der Stadt macht Indianersein
überhaupt keinen Spaß“,
stellte Mia fest.

Da ertönte plötzlich ein Schnauben. Es kam aus der Richtung der Mauer, die den Hinterhof von Tante Moralias Haus vom nächsten Grundstück trennte. Mia, Gelber Adler und Rote Schlange sahen sich an. Das Schnauben ertönte erneut. „Was ist das?“, flüsterte Rote Schlange. „W-w-weiß nicht“, wisperte Gelber Adler. „Vielleicht ein Bär? Lass uns lieber abhauen!“

„Ihr seid ja vielleicht tolle Indianer!“,
sagte Mia. „Los, wir müssen
nachsehen, was das ist.
Vielleicht ist es ein Büffel!“

Gelber Adler und Rote Schlange rissen die Augen auf. Als es hinter der Mauer erneut schnaubte, diesmal noch lauter und näher als vorher, klammerten sich die beiden ängstlich aneinander. Mia grinste. Sie ahnte inzwischen, von wem das Schnauben stammte.

„Macht mal ’ne Räuberleiter!“,

befahl sie den beiden Jungs.

Die beiden gehorchten und verhakten ihre Hände ineinander, sodass Mia mit den Füßen in die entstandene Öffnung hineinsteigen konnte wie in einen Steigbügel. Mia zog sich an der Mauer hoch und

schaute auf der anderen Seite nach unten. Sie lächelte. Ja, da stand es: ein schwarzes Pony, ein Hengst, mit einem Fell so glänzend wie flüssiges Pech und mit Nüstern so samtig wie feiner Sand am Meer. Die lange, seidige Mähne floss in Wellen über seinen eleganten Hals. Der Hengst sah Mia mit seinen blitzenden Augen herausfordernd an.

Mia setzte sich
auf die Mauer und
machte schnalzende Geräusche
mit der Zunge.

„Kind, geh weg da! Das Tier ist gemeingefährlich!“, rief plötzlich eine Frau vom Balkon des Nachbarhauses.
Das Pony ist doch nicht gefährlich, dachte Mia. Es ist wunderschön! Doch sie sagte nichts.
„Das Ungetüm hat meine ganzen Hortensien angefressen. Und mein Rasen sieht aus! Wenn das mein Mann Walter sieht, der hat den Rasen erst vor drei Wochen frisch gesät!“ Auch auf den Nachbarbalkonen tauchten Leute auf. Gespannt sahen sie zwischen dem schwarzen Hengst und Mia hin und her.

„Hol doch mal einer das Kind von der Mauer!“, rief ein Mann. Und eine Frau fügte hinzu: „Hat schon jemand die Polizei alarmiert? Wie kommt das Pony überhaupt in den Hinterhof?“ Inzwischen war der schwarze Hengst Mias Locklauten gefolgt. Langsam und mit majestätischem Schritt kam er auf sie zu.

Mia lächelte.

„Ja, so ist es gut. Komm nur her",

wisperte sie.

Der Hengst gehorchte. Die Frau, die Angst um ihren Rasen hatte, quiekte erschrocken auf. „Kind, lass das und komm da runter!"

Mia dachte nach.

Wo das schöne Tier wohl herkam?

Und dann stand der schwarze Hengst nur noch einen Schritt von ihr entfernt. Vorsichtig reckte er seinen glänzenden Hals und schnupperte an ihren Zehenspitzen.

Mia kicherte. „He, das kitzelt!"

Doch sie hielt still, damit sich

das Pony nicht erschreckte.

Es kam noch näher. Sein warmer Bauch berührte jetzt ihre Wade. Und plötzlich hatte Mia eine Idee. Wie damals, als sie vier Jahre alt war, rutschte sie gaaaanz langsam von der Mauer herunter, bis sie auf dem Rücken des Ponys saß. Die Leute auf dem Balkon stöhnten entsetzt auf. Einer rief: „Psssst! Ruhe jetzt, Sie machen es nur noch schlimmer!“ Doch der Hengst stand still und ließ sich von Mia auf den Hals klopfen.
„Oh Mann, sie sitzt auf dem schwarzen Hengst aus dem Zirkus, den niemand zähmen kann!“, rief Gelber Adler, der sich inzwischen auch auf die Mauer gezogen hatte.

Mia sah zu ihm hoch und

legte ihren Zeigefinger an die Lippen.

Dann ritt sie los.

Zunächst eine Runde durch den Hinterhof. *Klack-klack, klack-klack,* tönten die Hufe des Ponys auf dem gepflasterten Boden. Das Tier hörte auf jeden von Mias „Befehlen“, die sie mit ihrem rechten Oberschenkel gab.

Mia lächelte. Sie beugte sich vor.
„Ich bring dich nach Hause“,
flüsterte sie dem Pony ins Ohr.

Sie winkte den Zuschauern auf den Balkonen zu und ritt durch die Hintertür in den Hausflur, vorbei an den Briefkästen und den Pappkartons voller Altpapier … und dann zur offenen Vordertür hinaus auf die Straße.
Rote Schlange und Gelber Adler erwarteten sie draußen auf dem Bürgersteig mit ihren Fahrrädern. Sie sahen Mia ehrfürchtig an.

„Wisst ihr, wo der Zirkus ist?“,

fragte Mia.

Gelber Adler nickte. Er war gestern mit seinen Eltern in der Vorstellung gewesen. Gemeinsam machten sie sich auf den Weg: Mia hoch zu Ross, die Jungs mit ihren beiden Drahteseln. Die Menschen, an denen sie vorbeikamen, blieben mit offenem Mund stehen.

Der Zirkusdirektor war hocherfreut, sein Pony wiederzuhaben. „Django ist uns ausgebüxt“, sagte er und brachte das Pony zu seinem Wagen. „Wie hast du das nur gemacht? Niemand außer Fred, dem Pferdeflüsterer, kann Django reiten!“

Mia lächelte stolz.

„Ich bin eben ein richtiger Indianer“,

sagte sie und zwinkerte den Jungs zu.

Als Belohnung bekamen sie Zirkusfreikarten für sich, ihre Eltern und Tante Moralia.
Tante Moralia wollte gerade zu einer Strafpredigt ansetzen, als sie wenig später ihre Wohnungstür öffnete. Doch sie klappte den Mund wieder zu, als sie sah, dass Mia vom Zirkusdirektor höchstpersönlich nach Hause gebracht wurde. Sie rümpfte zwar die Nase, weil ihre Nichte ziemlich starken Pferdeduft nach sich zog, als sie an ihr vorbeiging, und sie warf auch einen vorwurfsvollen Blick auf die Sandalen, die Mia noch anhatte, sagte aber nichts.
Gelber Adler und Rote Schlange verdrückten jeder zwei Stück Schwarzwälder Kirschtorte. Die Porzellantässchen hatte Tante Moralia vom Tisch genommen. Zum Abschied schenkten die Jungs Mia zwei große Taubenfedern aus ihrem Kopfschmuck. „Kommst du mal wieder, Großer Häuptling?", fragte Gelber Adler.

„Klar", sagte Mia grinsend.
„Aber nur, wenn ihr bis dahin
das Tipi aufräumt!"

Spuk im Pony-Internat

Es war Nacht und der Mond schien über den Ställen, den Schlafsälen und dem Schulgebäude des Pony-Internats. Abends nach neun Uhr mussten alle Schülerinnen und Schüler in ihren Betten sein: die Mädchen im Mädchentrakt und die Jungs im Jungentrakt, der dem Mädchentrakt gegenüberlag. Das große Gebäude, das früher mal ein Schloss gewesen war, hatte die Form eines Hufeisens.

„Elli, Marleen, wacht auf!"
Karla schüttelte
ihre Freundinnen an den Schultern.
Die beiden lagen in ihren Betten
und schliefen selig.

Endlich kamen Ellis rote Locken unter der Decke zum Vorschein. Sie gähnte.

„Oh Mann, Karla, was ist denn?
Es ist mitten in der Nacht!"

Auch Marleen, die sich aufgesetzt hatte und deren kurzes schwarzes Haar nach allen Seiten abstand, rieb sich verschlafen die Augen.

„Och, ich hab so schön geträumt.
Branca und ich sind zum ersten Mal
ohne Fehler gesprungen.“

Branca war ihr Pferd. Alle Schülerinnen und Schüler im Pony-Internat hatten ein Pferd zugeteilt bekommen, um das sie sich vor und nach der Schulzeit kümmern mussten: Füttern, Ausmisten, Ausreiten, Fellpflege ... Neben dem Schulunterricht, den Hausaufgaben und den Reitstunden gab es immer viel zu tun. Außerdem stand in wenigen Wochen das große Springturnier an. Karla, Elli und Marleen hatten fleißig trainiert. Es war ihr erster Wettkampf.

„Du kannst nachher
weiterträumen!
Ihr müsst mitkommen.
Im Stall spukt es!“

Als sie das hörten, waren Elli und Marleen schlagartig wach. Ungläubig sahen sie Karla an, die ihr blondes, langes Haar zu einem Pferdeschwanz hochgebunden hatte. Sie trug ihre Schlafanzughose, ihre schwarzen Reitstiefel, die fast bis zum Knie reichten, und einen roten Fleecepulli.

Elli rieb sich die Augen.
„Was machst du denn auch
mitten in der Nacht im Stall?“
Sie gähnte laut.
„Nicht fragen, mitkommen!“,
drängte Karla.

Kurze Zeit später schlichen die drei Mädchen auf Zehenspitzen durch den dunklen Flur zur Treppe. Sie mussten leise sein. Wenn Frau Besenreiser sie erwischte, gab’s Ärger! Frau Besenreiser war ihre Klassenlehrerin. Sie hatte diese Woche die Nachtaufsicht. Doch die drei hatten Glück und kamen unbemerkt über den Hof bis zu den Ställen.

Das alte Tor knarzte verdächtig,
als sie es gemeinsam aufschoben.

Innen schlug ihnen der warme Geruch von Pferden und frischem Heu entgegen.

Karla gab den Freundinnen
ein Zeichen, ihr zu folgen.

Schweigend liefen sie an den Boxen vorbei, die rechts und links des Gangs lagen. Jedes Pferd hatte eine eigene Box, auf der Name, Geburtsdatum und das Foto seines Reitschülers abgebildet waren.
Oxa, ein dunkelbrauner, junger Wallach, schaute neugierig durch die Gitterstäbe, als die Mädchen an ihm vorbeischlichen. Er schnaubte freudig, als er Elli sah, denn die beiden gehörten zusammen.

„Hallo, mein Lieber", flüsterte Elli.
„Morgen früh komm ich wieder.
Schlaf weiter!"
Sie strich Oxa über die weiche Nase.
Dann lief sie den anderen nach.

Am Ende des Gangs blieb Karla stehen und legte den Finger an die Lippen.

Elli und Marleen hielten die Luft an.

Zusammen lauschten sie in die Stille. Zunächst war nichts zu hören. Elli wollte gerade den Mund aufmachen und etwas sagen, da hörten sie das Geräusch. Es kam aus der leeren Box am linken Ende des Stalls und klang wie ein Gemisch aus Röcheln, Gurgeln und Brummen: „Chchchrrrrrhhhhhhggrrrummm!“

Marleen griff nach Ellis Arm.

Elli erschrak so sehr darüber,

dass sie aufschrie.

Das Geräusch in der Box verstummte. Dann wurde die Boxentür aufgestoßen. Karla, Elli und Marleen sahen sich erschrocken an und rannten, so schnell sie konnten, aus dem Stall.

„Oh Gott, was war das?“, rief Elli.

Sie hatten den Hof hinter sich gelassen und die Tür zum Schlaftrakt erreicht.

„Keine Ahnung. Ich hab euch doch gesagt, dass es spukt!“, keuchte Karla und stieß die Tür auf.

„Und was machen wir jetzt?“, fragte Marleen leise.
Ihre dunklen Augen waren vor Schreck noch größer als sonst und ihre Wangen vom schnellen Laufen gerötet.

Elli musste gähnen. „Also, wenn ihr mich fragt: gar nichts. Sonst schlaf ich morgen beim Mathetest ein.“

Karla nickte. Besser, sie gingen für heute schlafen, auch wenn sie der Sache am liebsten gleich auf den Grund gegangen wäre.

„He, seht mal.
Läuft da jemand über den Hof?“,
zischte Marleen.

Karla und Elli folgten ihrem Blick und spähten vorsichtig durch das große Fenster neben der Eingangstür.

„Ist nur der Hohlmeier.
Vielleicht ist er auch
auf Gespensterfang“,
flüsterte Karla.

Herr Hohlmeier war ihr Musiklehrer.

Elli grinste. „Der? Der hat doch schon Schiss vor Spinnen!“

Die Mädchen kicherten bei der Erinnerung an den hysterischen Schrei, den Herr Hohlmeier mitten im Musikunterricht losgelassen hatte, als ihm beim Klavierspielen eine Spinne über die rechte Hand gekrabbelt war. Karla, Elli und Marleen wiederum krabbelten wenige Minuten später müde in ihre Betten.
Am nächsten Morgen ließ die leere Box, aus der in der Nacht die merkwürdigen Geräusche gekommen waren, nichts von einem Gespenst erahnen. Zusammen mit den anderen Schülerinnen und Schülern des Pony-Internats füllten die Mädchen die Tränken ihrer Ponys mit frischem Wasser auf. Der Stall war erfüllt vom aufgeregten Schnauben und freudigen Wiehern der Pferde und dem fröhlichen Geschnatter der Schüler.

„Wir müssen es dem Direktor sagen“, raunte Elli Marleen zu.

Die Boxen ihrer beiden Ponys lagen direkt nebeneinander.

Marleen warf einen kurzen Blick
zu Karla rüber. „Ich weiß nicht.
Am Ende fragt er, warum Karla
nachts im Stall war …“

Es war verboten, nachts die Schlafräume zu verlassen. In Ellis Gesicht blitzte es auf.

Sie drehte sich zu Karla um,
deren Box genau hinter ihrer lag.
„Ja, genau, warum warst du denn
nun überhaupt hier?“

Karla wurde rot im Gesicht, stammelte irgendetwas von „Schlafwandeln“ und lief aus dem Stall.

Elli sah Marleen verwundert an.

Doch die sagte nichts und lief hinter Karla her.

Elli schüttelte verwirrt den Kopf.

Den Vormittag in der Schule brachten sie nur mit Mühe hinter sich. Wäre der Mathetest nicht gewesen, hätten alle drei pausenlos an das Gespenst, oder was auch immer da gewesen war, gedacht.

Beim Mittagessen beschlossen sie,
die Sache selbst
in die Hand zu nehmen.

Dazu brauchten sie ein großes Netz. Dieses Netz würden sie in der kommenden Nacht auf das Gespenst herunterfallen lassen und es anschließend fesseln. Wenn sie dem Direktor dann am nächsten Morgen ein gefangenes Gespenst präsentierten, würde er vor Überraschung sicher keine weiteren Fragen stellen.
Das große Netz bekamen sie von Tim, der mit den anderen Jungs immer „Überlebenstraining“ spielte und bestens ausgerüstet war. Er half ihnen auch dabei, das Netz über der „Gespensterbox“ aufzuhängen. Zum Glück fragte er gar nicht, wofür sie es brauchten!
Um Punkt Mitternacht klingelte Ellis Wecker. Geisterstunde! So leise wie möglich machten sich die drei auf den Weg in den Stall.

„Puh, bin ich aufgeregt“, flüsterte Marleen. Elli nickte. „Mein Herz klopft so doll, das hüpft mir gleich aus dem Hals.“

Unbemerkt kamen die drei aus dem Schlaftrakt über den Hof bis zu den Ställen. Wie in der vergangenen Nacht schoben sie das große Tor so leise wie möglich auf. Sie lauschten. Ja, da war es wieder: das gurgelnde, röchelnde, brummende Geräusch.

Die drei sahen sich an: Sollten sie es wirklich wagen? Was, wenn das Gespenst viel größer und stärker war als sie?

Andererseits konnten sie nicht riskieren, dass das schaurige Ding einem der Pferde etwas antat. Nein, sie hatten keine Wahl. Sie mussten die Sache hinter sich bringen!
„Grrrrghhhhrummmoooaaarrrhhh“, tönte es wieder aus der letzten Box. Dann folgte ein klägliches Seufzen. Hoffentlich sah das Ding nicht genauso schrecklich aus, wie es sich anhörte!

Auf Ellis Signal löste Marleen das Seil, das mit dem Netz verbunden war.

Sofort rauschte das Netz zu Boden. Ein grässlicher Schrei ertönte, der den Mädchen durch Mark und Bein ging. Jetzt hieß es Beeilung! Elli und Karla rissen die Tür der Box auf und sprangen auf das Gespenst, das unter dem Netz zappelte. Man konnte es nicht sehen, weil die Netzmaschen so dicht waren. Bevor es sich befreien konnte, fesselten Karla und Elli das Gespenst samt Netz mit dem langen Seil.

„Hiiiilllfeeee!“, kam es plötzlich aus dem Netz. Karla und Elli hielten inne. Das – Ding – konnte – sprechen?

Die drei Mädchen sahen sich an.

Elli kapierte als Erste.

„Herr Hohlmeier!“, rief sie,

„Was machen Sie denn hier?“

Schnell schälten die drei ihren verdatterten Musiklehrer aus dem Netz. Der saß am Boden und japste nach Luft. „Du liebes bisschen. Ich dachte schon, mich hätte eine Monsterspinne angegriffen!“ Er grinste die Mädchen schief an.

„Und wir dachten,
Sie wären das Monster,
das hier nachts rumspukt!
Was tun Sie denn hier?“,
fragte Karla.

Herr Hohlmeier lächelte und zeigte auf seinen Bauch. „Ich lerne Bauchreden und Bauchsingen. Bei der Turnierfeier wollte ich eigentlich mit einem eigenen Lied auftreten. Aber ich fürchte, das wird nichts mehr bis dahin. Es ist einfach zu schwer.“ Er seufzte.

Bauchsingen?

Karla, Elli und Marleen lachten. Davon hatten sie noch nie gehört!

„Und warum üben Sie hier im Stall
und nicht in Ihrem Zimmer?“,
fragte Elli.

„Ich wollte, dass es auch für die Lehrerkollegen eine Überraschung wird“, sagte Herr Hohlmeier mit einem zerknirschten Lächeln. Dann wurde er ernst. „Und jetzt würde ich gerne mal wissen, was *ihr* hier mitten in der Nacht verloren habt.“

Elli sah besorgt zu Karla rüber.
Doch die Freundin lächelte:
„Jetzt kann ich es dir ja sagen:
Alles Liebe zum Geburtstag!“

Elli machte ein überraschtes Gesicht. Stimmt, sie hatte ja Geburtstag! Das hatte sie vor lauter Gespensterjagd ganz vergessen!

Karla führte sie zu
einem kleinen Lagerraum.

Normalerweise wurde hier nur allerlei Reitzubehör aufbewahrt. Jetzt war der Raum in einen Partyraum verwandelt: Eine Girlande mit Pferdemotiven hing an der Decke, rote Herzluftballons zierten die Wände, und es gab sogar einen gedeckten Tisch, auf dem ein Kuchen in Hufeisenform stand!

Elli strahlte. „Das sieht toll aus!
Du bist die beste Freundin der Welt!“

Marleen umarmte Elli auch und gratulierte ihr. Sie hatte die ganze Zeit Bescheid gewusst. Herr Hohlmeier lachte. „Tja, liebe Elli, ich verrate euch nicht, wenn ihr mich nicht verratet, und wenn ich mit dem Bauchsingen schon so weit wäre, würde ich dir jetzt glatt ein Ständchen bringen!“

Elli kicherte. „Vielen Dank,
aber ich verzichte. Ich hab mich
heute schon genug gegruselt!“

Plötzlich hörten sie lautes Kichern. Da waren ja auch die anderen aus ihrer Klasse!
„Happy birthday to you! Happy birthday to you ...“ Singend kam ihre ganze Klasse durch den Stall gelaufen.

Elli wurde rot vor Freude.

Eine Mitternachtsparty!

Was für eine tolle Überraschung!

Nachdem alle Elli gratuliert hatten, sagte Herr Hohlmeier: „Also, mein Bauch ist zum Singen ja leider nicht zu gebrauchen, aber für etwas Essbares ist er immer zu haben.“ Er schielte sehnsüchtig auf den Kuchen.

Elli lachte. „Die Party ist eröffnet!

Und die Ponys bekommen auch was.

Schließlich haben sie gleich

zwei Geheimnisse für sich behalten!“

Galopp wider Willen

„Bist du bereit?", fragte Herr Billerbeek am Samstagmorgen nach dem Frühstück. Herr Billerbeek war der Besitzer der Ponypension, in der Svea, ihr älterer Bruder Tom und ihre Eltern ein verlängertes Wochenende verbrachten.

Svea nickte aufgeregt.
Gleich begann die allererste Reitstunde
ihres Lebens!

Anka, ihr Reitpferd, war eine sandfarbene Haflingerstute. Wie zwei große dunkle Murmeln glänzten ihre wachen Augen, und ihre weißblonde Mähne war frisch gebürstet und ganz weich.
„Freunde dich schon mal mit ihr an", sagte Herr Billerbeek. „Ich hole in der Zwischenzeit Sattel und Zaumzeug."

Vorsichtig streckte Svea
ihre Hand nach Ankas
weicher Nase aus.

Anka erwiderte die Begrüßung freudig.

Svea lächelte ihre Mutter an.

„Sieht sie nicht wunderschön aus?"

Ihre Mutter nickte. „Tom, komm doch auch mal!", rief sie.
Tom, der ganz in der Nähe auf einer umgedrehten Futtertonne saß und auf seinem Nintendo herumdrückte, schüttelte den Kopf. „Kann ich nicht zurück in unsere Ferienwohnung gehen?"
„Nichts da. Papa arbeitet am Computer und will eine Stunde lang nicht gestört werden. Jetzt komm schon, das ist doch spannend!"
Tom verdrehte die Augen und murmelte: „Ganz toll. Mini-Schwester reitet auf einem Mini-Pferd. Voll der Megabrüller." Sein Nintendo dudelte eine fröhliche Melodie. „Yes!", rief er und ballte die Faust. „Drei Extraleben!"

Svea bemerkte, dass Anka
den Kopf schüttelte
und aufgeregt schnaubte.
Das Geräusch machte ihr Angst.

In diesem Moment kam Herr Billerbeek zurück. Gemeinsam sattelten sie Anka und führten sie aus der Box hinüber zur Reithalle.

Svea hatte vor Aufregung
ganz weiche Knie.

Ihre Mutter winkte ihr aufmunternd zu. Sie und Tom nahmen auf einem der Zuschauersitze am Rand Platz, während Herr Billerbeek, Svea und Anka in die Mitte der Halle gingen.

Der Boden war voller Sägespäne.
Svea sackte
bei jedem Schritt ein.

In der Mitte der Halle blieb Herr Billerbeek stehen. Er half Svea beim Aufsteigen. Und dann ging es los: Herr Billerbeek führte Svea und Anka an der Longe, einem langen Seil, das am Zaumzeug befestigt war, im Kreis herum. Anka gehorchte aufs Wort und reagierte auf jede Bewegung, die Svea mit ihren Zügeln und Oberschenkeln machte.

Wie schön das schaukelte.
Svea hätte ewig
so weiterreiten können!

Und dann passierte es: Genau in dem Moment, in dem Svea und Anka an den Zuschauerplätzen vorbeikamen, dudelte Toms Nintendo wieder los. Anka erschrak, scheute – und verfiel in Galopp!

„Hilfe!“
Svea rutschte hilflos
im Sattel herum.
Fast verlor sie
einen Steigbügel.
„Hilfe!“

„Ruuuhiiig. Ruuuhiiig.“ Herr Billerbeek versuchte, Anka mit der Longe zum Stehen zu bringen. Aber das Tier hatte sich so erschreckt, dass es auf keines seiner Signale hörte. „Halt die Zügel fest und die Ellbogen dicht am Körper! Die Fersen nach unten drücken! Und den Po fest in den Sattel!“, rief Herr Billerbeek Svea zu. „Stell dir vor, unter deinem Po läge ein Zwanzigeuroschein, der nicht wegfliegen darf!“

Was hatte er gesagt?
Sveas Gedanken wirbelten herum
wie das Sägemehl unter
Ankas Hufen.
Alles ging so schnell!

Sie versuchte, sich den Zwanzigeuroschein unter ihrem Po vorzustellen. Tatsächlich: Ihr Po hopste auf einmal nicht mehr auf und ab, sondern blieb im Sattel! Anka wurde langsam ruhiger und blieb schließlich stehen.

Svea atmete auf.

Ihr Herz klopfte bis zum Hals.

Herr Billerbeek half ihr aus dem Sattel. „Herzlichen Glückwunsch zu deinem ersten Galopp. Du wirst mal eine sehr gute Reiterin", sagte er.
Svea lächelte stolz. Ihre Mutter umarmte sie erleichtert.

Auch Tom klopfte ihr anerkennend auf die Schulter. „Tut mir echt leid. Aber du warst super!“ Er sah Herrn Billerbeek an. „Darf ich auch mal?“ Er schien die Mini-Pferde auf einmal doch ganz spannend zu finden.
Seine Mutter machte ein gequältes Gesicht. „Aber nur, wenn du mir vorher auch noch drei Extraleben besorgst. Noch so einen Schreck überlebe ich nämlich nicht!“
Alle lachten. Tom bekam auch noch eine Reitstunde. Und es sah ganz so aus, als wäre es nicht seine letzte.

3

MIT BUNTEN SILBEN

LESEN LERNEN

Liebe Eltern,

in dieser Geschichte sind alle Wörter in farbig markierte Buchstabengruppen, die Sprechsilben, unterteilt. Durch die farbigen Markierungen der Silben ist es für Kinder viel leichter, die richtige Einteilung in geschriebenen Wörtern zu erkennen und den Sinn der Wörter zu begreifen. Auf diese Weise lernen sie schnell, flüssig und fehlerfrei zu lesen. So kommen auch weniger geübte Leser schnell zu einem Erfolgserlebnis.

So macht das Lesenlernen Spaß!

Antonia Michaelis

Komm zurück, kleines Pony!

Illustriert von Julia Ginsbach

Franz

Roberts Eltern waren sehr reich.
Er wohnte in einem großen Haus
mit einem großen Garten.

Aber der große Garten
lag hinter einer hohen Mauer.

Robert spielte immer alleine.
Manchmal hörte er draußen
das Lachen von Kindern.
Robert lachte fast nie.

Alleine spielen ist traurig.
Eines Tages sagte Robert:
„Ich will einen Freund!“

Da schenkte
sein Vater ihm ein Pony.
Robert nannte das Pony Franz.
Und er bekam Reitstiefel
und eine Reitkappe
und einen Reitlehrer.

Nun ritt Robert jeden Tag
auf Franz durch den Garten.
Immer im Kreis herum.

Auf der Mauer saßen
fünf Kinder.

Die guckten zu.
Sie hießen Leo, Lisa,
Lena, Lara und Lukas und
hatten kein Geld für ein Pony.

„Dürfen wir auch mal reiten?“, rief Lisa. „Nö!“, rief Robert.

„Dürfen wir das Pony streicheln?“, rief Leo. „Nö!“, rief Robert. „Franz ist mein Pony! Mit dem spiele ich alleine!“

„Alleine spielen ist traurig“,
dachte das Pony Franz
und ließ den Kopf hängen.

Franz sehnte sich
nach vielen Kindern.
Er liebte wilde Spiele
und fröhliches Lachen.

Robert ging nicht in die Schule.
Er hatte einen Privatlehrer.
Aber an diesem Tag passte er nicht auf.

Er dachte nur an sein Pony.
Wieso war Franz nicht mehr da?
War er geklaut worden?

Nachmittags spielten Leo, Lara, Lena, Lukas und Lisa mit Franz wilde Spiele. Beim Fangen war Franz gut.

Aber beim Verstecken sah man ihn immer gleich. Auf Bäume klettern konnte er nicht. Aber man konnte auf ihn klettern.

Robert saß alleine im Garten
und war traurig.
Er rief die Polizei an.

„Ich will eine Anzeige aufgeben!“,
sagte er.
„Eine Vermisstenanzeige!“

Der Polizist am Telefon gähnte.

„Wen vermisst du denn?“,
fragte er Robert.
„Franz“, sagte Robert.

Wer findet Franz?

Die Polizei versprach,
Franz zu suchen.

Sie hängte
große Plakate auf.
Darauf stand:

Aber niemand meldete sich.
Robert machte sich Sorgen.
Hatte jemand Franz entführt?

War er für immer weg?
Der Garten erschien Robert
jetzt noch einsamer als zuvor.

Franz wohnte nun bei
Lisa, Lena, Leo, Lara und Lukas.
Er schlief in ihrem Hochhaus
im Fahrstuhl und sah gerne fern.

Alle Kinder in der Straße
durften auf ihm reiten.

Aber dann sah Lisa die Plakate.
GESUCHT: PONY FRANZ!
Sie lief sofort nach Hause.

„Wir müssen Franz verstecken!“,
sagte sie zu ihren Freunden.
Die anderen nickten.

Aber wo sollten sie mit Franz nur hin?
Er passte nicht unters Bett
und nicht in den Geigenkasten.

Er war zu groß für den Schrank
und für die Besteckschublade.

Die Kinder nahmen Franz
nicht mehr mit in die Schule
und spielten nur noch heimlich
im Hinterhof Fangen.

Niemand traute sich mehr,
laut zu lachen.

Und wenn ein Polizist auftauchte,
bekamen alle Angst.
Am meisten Franz.

Franz hatte nämlich
ein schlechtes Gewissen.
Wegen Robert.

Franz fehlt

Eines Tages ging Lisa
an der hohen Mauer vorbei.
Da hörte sie jemanden schniefen.

Sie kletterte
auf die Mauer
und guckte
in den Garten.

Dort saß Robert
ganz alleine
mit seinen Reitstiefeln
und seiner Reitkappe.

Er kratzte mit seiner Gerte
lauter Ponys in die Erde.

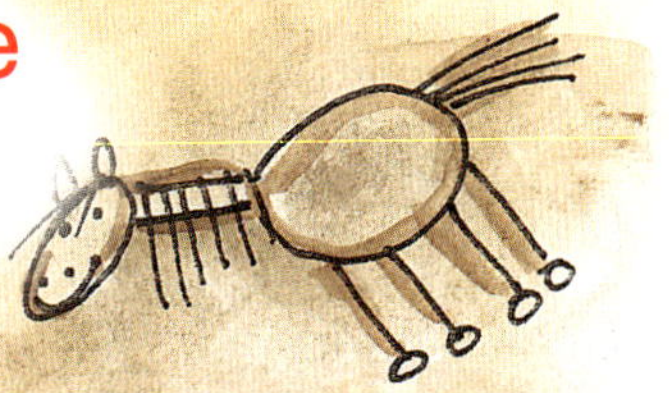

Ab und zu putzte er sich die Nase
mit einem großen Taschentuch.

„He!“, rief Lisa. „Du!“ Robert sah auf.
„Was ist los mit dir?“, fragte Lisa.

„Schnnnnrrrfff“, schniefte Robert.
„Mein einziger Freund ist weg.
Franz, das Pony.
Vielleicht kommt es nie zurück!“

Oh! Da bekam auch Lisa
ein ganz schlechtes Gewissen.
„Vielleicht kommt es doch zurück“,
sagte sie. „Wer weiß?“

Und sie rannte schnell zu
Leo, Lara, Lena und Lukas.
Und zu Franz.
Die spielten gerade Blinde Kuh.

„Franz muss zurück“, sagte Lisa.
„Dieser Robert, dem er gehört,
der sitzt herum und heult.“

„Ach, der!“, rief Leo.
„Der ist doch blöd!“,
riefen Lukas und Lara.

„Mit seinen doofen Stiefeln!“,
rief Lena.
„Und der dummen Reitkappe!
Der hält sich für ober-toll!“

„Aber jetzt ist er ober-traurig“,
sagte Lisa.
„Das ist auch nicht gut.“

Franz und Freunde

Am nächsten Tag nahm Lisa
Franz am Halfter und
ging mit ihm zu der Mauer.

Leo, Lena, Lukas
und Lara kamen mit.

Lisa kletterte auf die Mauer.
Robert saß alleine
auf der Schaukel.

„He, Robert!“, rief Lisa.

„Willst du mit uns spielen?“

„Hm“, sagte Robert. „Vielleicht.

Oder – ich glaube: ja.

Wartet, ich mache das Tor auf.“

Vor dem Tor aber, da standen
Leo, Lisa, Lara, Lukas, Lena und …
„Franz!“, rief Robert.

Heike Wiechmann wuchs an der Ostsee auf. Nach einem Studium der Pädagogik und Illustration arbeitete sie als Spielzeugdesignerin und reiste dabei um die halbe Welt. Heute schreibt und illustriert sie Kinderbücher und lebt mit ihrer Familie in Lübeck. Mehr über Heike Wiechmann findet ihr auf ihrer Homepage *www.heike-wiechmann.de.*

Karen Christine Angermayer wurde 1975 in Arnsberg im Sauerland geboren. Nach ihrem Studium in Diplom-Photoingenieurwesen in Köln ging sie zunächst mehrere Jahre lang zum Film. Sie gründete im Jahr 2000 ihr eigenes Unternehmen und arbeitet heute als Autorin, Trainerin und Coach. Karen Christine Angermayer lebt mit ihrer Familie in einem Weindorf in Rheinhessen. Mehr zur Autorin unter *www.worte-die-wirken.de.*

Antonia Michaelis wurde 1979 in Kiel geboren. Fünf Jahre später begann sie, ihre Umwelt mit Büchern zu überschwemmen. Seitdem hat sie immer weitergeschrieben: während ihrer Schulzeit in Augsburg oder auf ihren zahlreichen Auslandsreisen. Die Autorin lebt mit ihrer Familie im Nordosten Deutschlands.

Julia Ginsbach wurde 1967 in Darmstadt geboren. Nach ihrer Schulzeit studierte sie Musik, Kunst und Germanistik. Heute arbeitet sie als freie Illustratorin und lebt mit ihrer Familie und vielen Tieren auf einem alten Pfarrhof in Norddeutschland.

Quellenverzeichnis

S. 9–47
Heike Wiechmann: *Bildermaus – Geschichten vom Ponyhof*, farbig illustriert von der Autorin.

S. 49–91
Karen Christine Angermayer: *Ich für dich, du für mich – Ponygeschichten*, farbig illustriert von Julia Ginsbach.

S. 93–123
Antonia Michaelis: *Lesespatz – Komm zurück, kleines Pony!*, farbig illustriert von Julia Ginsbach.

FSC
www.fsc.org
MIX
Papier | Fördert gute Waldnutzung
FSC® C018236

Klimaneutral
Druckprodukt
ClimatePartner.com/18521-2202-1001

ISBN 978-3-7855-8865-9
3. Auflage 2023

Dieser Titel enthält die z.T. bearbeiteten Einzeltitel
Bildermaus – Geschichten vom Ponyhof,
Ich für dich, du für mich – Ponygeschichten
und *Lesespatz – Komm zurück, kleines Pony!*

Umschlagillustration: Heike Wiechmann
Umschlaggestaltung: Ramona Karl
Printed in the EU

www.loewe-verlag.de